Vampiros energéticos

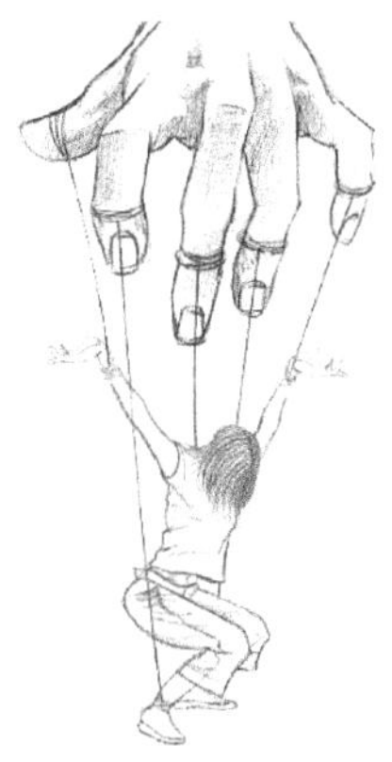

Phillip A. Johansen

Editorial Anuket

Índice

Capítulo 1
¿Quiénes son?

Cada persona se comunica e interactúa diariamente con una gran cantidad de individuos, desde transeúntes casuales, cajeros en una tienda, hasta amigos y familiares. A nivel emocional sentimos el intercambio de energía, sucede inconscientemente: por la mirada, por los gestos, por las palabras. Después de una conversación, puede que sientas alegría, satisfacción o un colapso.

En toda relación hay altibajos. Pero algunas personas, los llamados vampiros energéticos, no son buenos para nosotros a largo plazo, nos roban nuestras fuerzas e incluso nos pueden enfermar mentalmente. Cómo detectar un vampiro energético y separarse con éxito para mantenerse saludable, es el objetivo de este libro.

Si entablamos relaciones interpersonales, ya sean de carácter profesional, amistosas o amorosas, automáticamente esperamos efectos positivos. Las relaciones sanas dan fuerza y seguridad emocional, proporcionan nuevos impulsos y energía vital.

Pero no todo contacto es bueno para nosotros, la proximidad con algunas personas incluso tiene exactamente el efecto contrario. Puede ser un buen amigo que exige nuestra atención ininterrumpida o el vecino narcisista que constantemente habla de sus propios éxitos, pero nunca pregunta por los nuestros. Puede ser el padre que sigue haciendo preguntas subliminales para hacernos sentir que no se están cumpliendo sus expectativas, o puede ser el colega que sigue quejándose del trabajo sin estar realmente interesado en encontrar una solución.

Por supuesto, todo el mundo tiene que expresar su frustración y desahogar su ira de vez en cuando, y hay espacio para eso en las buenas relaciones. Los vampiros de energía, sin embargo, descargan constantemente sus frustraciones, irritaciones, molestias y malos sentimientos sobre sus contrapartes, para disgusto del otro.

Si seguimos sintiéndonos agotados, irritables o deprimidos después de reuniones o largas conversaciones con esas personas, lo más probable es que haya un vampiro energético en el trabajo, alguien que (generalmente incluso sin querer) nos roba nuestra fuerza.

Muchas veces ni siquiera nos damos cuenta inmediatamente de que una persona nos está debilitando psicológica y emocionalmente de forma permanente más que fortaleciéndonos, es decir, que hay un vampiro energético en nuestro entorno. Solo cuando miramos más de cerca y observamos la situación nos damos de que esta persona está drenando nuestra energía y haciéndonos daño.

Un vampiro energético es una persona corriente, pero al comunicarte con él sientes vacío, falta de energía, pérdida de fuerza, es decir, sientes como si toda tu vitalidad hubiera sido "succionada".

El vampirismo energético es, de hecho, un fenómeno "parásito", que no puede vivir sin su donante, aunque este último no esté al tanto de su peligro, ni haya dado su consentimiento.

En este libro aprenderá cómo las personas consumen energía cuando se comunican, cómo identificar a un vampiro energético y cómo reponer energía después de comunicarse con una persona propensa al vampirismo.

El fenómeno

Incluso en nuestro tiempo, a menudo se puede escuchar sobre la existencia de vampiros, pero no los descritos en las películas de terror, sino en los que, en vez de sangre, se alimentan de la energía vital de otras personas.

Si descartamos el misticismo, resulta que este fenómeno no es tan raro y muchos psicólogos lo están estudiando seriamente.

Por supuesto, no existe un diagnóstico de vampirismo energético. Pero no se puede negar que algunas personas tienen la capacidad de quitar fuerzas. En su presencia, el estado de ánimo se deteriora, aunque parece que no hay requisitos previos para esto, o después de comunicarse con ellos, se siente somnolencia, fatiga y apatía.

¿Quiénes son los ladrones de energía?

Un vampiro de energía es una persona que le quita la energía por la fuerza en contra de todas las leyes del intercambio mutuo de energía. El vampirismo está alcanzando proporciones epidémicas en estos días. Sí, son epidemias, porque el vampirismo es una enfermedad. Los propios vampiros energéticos son propensos a diversas enfermedades y provocan el desarrollo de dolencias en otros.

En términos generales, los vampiros de energía carecen principalmente de su propia energía y coraje. No es raro que tengan un sentido perturbado de la autoestima y traten de compensar esto inconscientemente a través de su comportamiento. El bullying, la alta presión de las expectativas del exterior, el abuso experimentado, los sentimientos de culpa, pero también la sobrecarga sensorial y las demandas excesivas pueden ser desencadenantes de tal comportamiento. En la mayoría de los casos, estas experiencias requieren ayuda profesional. Todo esto no es razón para dejar que los vampiros energéticos hagan el trabajo. Queremos ayudarlos, pero constantemente nos encontramos con nuestros propios límites. Eso consume nuestra propia energía y al final no ayuda a nadie.

Las personas particularmente empáticas son aprovechadas por el vampiro de energía. Se aprovechan del hecho de que la gente quiere ser amable y servicial. Curar a un vampiro de energía mientras lidias con una vida propia es casi imposible. Desafortunadamente, los vampiros de energía no pueden ser derrotados con ajo, estacas de madera o cruces. Usted tiene la obligación de defenderte de ellos, porque buscan la cercanía de personas que están ahí para ellos cuando las cosas les van mal.

La psicología detrás de esto está bien investigada en el contexto de los trastornos narcisistas o sociópatas. La construcción de relaciones, el trabajo de desarrollo emocional y la típica espiral de devaluación siempre se pueden observar en los vampiros energéticos de acuerdo con un patrón determinado. El control, el apego y hacer que otras personas sean dependientes suele ser la máxima prioridad. En última instancia, el vampiro energético acumula poder e influencia sobre los demás. De esta manera, puede perseguir mejor sus propios objetivos. Los métodos pueden ser bastante pérfidos.

No todas las personas desagradables son vampiros energéticos

La empatía y la reflexión pueden ayudarnos a percibir a las personas que no nos convienen. Sin embargo, es importante señalar que no nos convertimos en víctimas de nuestro propio ego. Porque al igual que nuestros semejantes, tenemos necesidades y perseguimos nuestros propios objetivos de acuerdo con ellas. El hecho de que esto lleve a luchas de poder, peleas y discordias completamente normales entre nosotros también es parte de nuestras relaciones interpersonales.

Siempre que haya un cierto equilibrio, es decir, entre dar, recibir y repartir, la relación es mayormente equilibrada. La confianza se construye a través de la autenticidad de la otra persona. Si luego reflejamos este comportamiento a su vez, entonces surge el respeto mutuo.

Como seres empáticos, podemos darnos cuenta rápidamente cuando las cosas van mal. Sin embargo, al tratar de identificar a los vampiros de energía para mantenerse alejado de ellos, uno siempre debe tener en cuenta que el propio comportamiento con el que uno quiere protegerse no se convierte en un vampiro de energía egoísta.

La revelación del poder

Una forma de desenmascarar a los vampiros energéticos dentro de un grupo o en una relación es exponer las estructuras de poder. Para ataques comunes como "¿por qué dijiste eso?" o "¿por qué siempre eres así?", los vampiros energéticos suelen tener excusas perfectas y respuestas retóricas. Porque, por lo general, un vampiro de energía se ha convertido durante mucho tiempo en lo que es ahora.

Sin embargo, existe un nivel humano básico en el que también puedes encontrarte con una persona manipuladora. Y si esto ya no está presente en la relación, entonces puede ser el vampiro energético y un trastorno patológico que necesita ser tratado. En este caso, si la persona no quiere que la ayuden, usted debe huir.

Para mantener relaciones interpersonales cualitativas y no convertirse en víctima de un vampiro energético, puede ser ventajoso abordar las estructuras de poder existentes en un marco seguro. ¿Por qué la palabra de un amigo tiene más peso que la palabra de otro en el grupo? ¿Quién exuda dominio natural y, a menudo, asume la responsabilidad? ¿Quién quiere salirse con la suya más a menudo?

Todas estas pequeñas cosas pueden ayudar a identificar a un confidente como un vampiro energético. Pero una cosa nunca debe olvidarse a pesar de toda la precaución: los humanos somos seres empáticos que básicamente podemos sentir si nuestras contrapartes quieren hacernos daño o no. Así que no se vuelvas loco. Apague su cabeza con más frecuencia y solo confíe en su instinto.

Capítulo 2
Características

Algunas personas arruinan la vida de quienes las rodean por diversión y ganancias. Aprenda a evitar caer esa trampa.

Los vampiros modernos no tienen nada que ver con el misticismo. Esta es una característica de las personas que tratan de utilizar sus emociones para su propio beneficio personal. Sus métodos están bien pensados y, por lo tanto, el vampiro de energía no es tan fácil de detectar.

La persona más encantadora que le da emociones positivas puede multiplicarlas por cien, cuando se trata de dañarlo.

El consejo racional a menudo no es percibido por tales personas. También constantemente critican todo, devalúan nuestros logros, no respetan las fronteras de los demás.

Puede reconocer a un vampiro energético por los siguientes signos. Como regla general, se comportan de una manera especial y actúan como manipuladores.

Cómo se los reconoce

Hay varios signos por los cuales un vampiro energético puede ser reconocido de antemano. No debe rechazar la amistad con una persona si nota un elemento de esta lista en su comportamiento. Pero si más de tres puntos coinciden, entonces esta es una buena razón para tener cuidado y mirar más de cerca a su "amigo".

1.   Buscan piedad

Una de las señales claras y una trampa peligrosa. Caemos fácilmente en las redes de un vampiro energético cuando le hacemos un favor. Siempre hay algo por lo que arrepentirse.

Después de un acto de misericordia, nos sentimos héroes, salvadores, sentimos una oleada de orgullo. Detrás de estas emociones positivas, no percibimos cuánta atención comenzó a prestarnos el vampiro. El que recibió el favor comienza con una oleada de quejas, cruzando todos los límites razonables y las demandas de más ayuda se vuelven cada vez más insistentes y peligrosas.

2.   Considera a todos a su alrededor culpables de sus problemas

Los vampiros siempre están rodeados de villanos sólidos: una madre cruel, una esposa gruñona, una amante materialista, niños estúpidos y un jefe tirano. Para estas personas, todos a su alrededor tienen la culpa de sus problemas, excepto ellos mismos.

Cualquier palabra inexacta y usted se convierte en su enemigo. El vampiro crea constantemente sentimientos de culpa entre amigos e interlocutores. Si se siente culpable solo por los recuerdos de una persona, entonces tienes un vampiro frente a usted.

3.   Provoca riñas y peleas

La atención negativa también es atención. Un vampiro energético disfruta usando esta regla en la vida. Provocar peleas, ofenderse emocionalmente, agitar los puños ante el menor pretexto.

4.   Le gusta tejer intrigas

Los chismes y las peleas en cualquier equipo traen un placer especial al vampiro. Frotándose en la confianza de todos, siente sutilmente los puntos débiles y mueve los hilos para que el máximo número de personas se peleen por las razones más dramáticas.

Al manipular el resentimiento de algunos y buscar la lástima de los demás, un vampiro puede arruinar las relaciones incluso en una compañía amistosa.

5.   Golpea en el momento más inesperado

El intercambio de energía no ocurre instantáneamente: el vampiro de energía es alimentado por ella durante las quejas, la atención, las disputas, que hábilmente escenificó.

6.   Va a los extremos

Un signo indirecto por el que es fácil reconocer a un vampiro energético: es propenso a los extremos. Estas personas practican deportes extremos, se casan al segundo día después de conocerse y rompen los lazos con sus seres queridos después de una pequeña pelea, porque carecen de sus propias emociones.

7. **Síndrome de la "víctima"**

Estas personas a menudo se quejan de sus vidas, colegas, jefes, el estado; estos son llorones eternos. Encontrarán "oídos libres" y hablarán sin cesar sobre su difícil suerte, problemas familiares, fracasos, problemas, etc.

8. **Importunidad**

El comportamiento del "vampiro" es notable por su importunidad, estas personas literalmente toman su mano para detenerle (si tienes prisa) para que las escuches. Por lo general, carecen de tacto, no entienden las palabras directas, son demasiado persistentes y ocuparán todo su tiempo libre.

9. **Deseo de controlar a todos y todo.**

El control total es una forma en que un "vampiro" oculta su vacío espiritual, el miedo, la desconfianza; tienen miedo de parecer débiles. Quieren saber literalmente todo sobre usted, dónde está, con quién está, a dónde va, cuáles son sus planes, etc.

10. **Sentimiento inapropiado de resentimiento.**

Incluso ante los más mínimos comentarios o situaciones desagradables, las personas que son vampiros se ofenderán. Todo está mal con ellos, y su principal objetivo es conseguir que te disculpes y hagas lo que quieren. A menudo, esta es una forma femenina de manipular a un novio o esposo.

11.   Comportamiento agresivo y desafiante.
Todas las peleas, escándalos y enfrentamientos siempre son provocados solo por ellos. Puede distinguir a un "vampiro" por su comportamiento agresivo de la nada.

12.   Discusión y chismes
Es imposible "hacerse amigo" de un vampiro energético. Después de su comunicación, contará chismes sobre usted. Discutir con los demás es su mejor "alimento".

El agresor siempre demostrará su superioridad, defenderá celosamente su punto de vista, interrumpirá a su oponente.

Tal comportamiento humano negativo es una especie de protección. De la desconfianza, el miedo, la condena, la crítica, la soledad, el desamor.

¡Importante! Las acciones del agresor pueden estar dirigidas contra él mismo. Existe tal cosa como el autovampirismo. La dependencia emocional del "vampiro" puede provocar la aparición de inclinaciones sádicas.

Qué sentimos después de conectarnos con uno

Puede entender que se ha convertido en víctima de un vampiro energético por los siguientes signos:

•   Se siente repentinamente cansado, incluso si se sentías alerta hace 5 minutos.

•   El buen humor "se evapora", te pones nervioso.

•   Tienes resentimiento e irritación con parientes, amigos, novias, miembros de la familia.

•   Sientes un colapso y falta de deseos.

•   Las enfermedades crónicas pueden empeorar, dolor de cabeza, aumento de la presión arterial

Ejemplo:

Dos personas están peleando. Uno de ellos parece absolutamente tranquilo, como divertido por lo que está pasando. El otro en este momento está tratando de demostrar algo, habla en tono elevado, se ofende y hasta llora. Y se pone cada vez más excitado por la calma de su oponente, y de esta forma entrega cada vez más sus emociones y su autocontrol al otro. ¿Cuál es el resultado de la pelea? El instigador está de muy buen humor e incluso está listo para hacer las paces, porque en su opinión no ha sucedido nada especial. Y la segunda persona al mismo tiempo está muy agotada.

Las "víctimas" de los vampiros energéticos a menudo recurren a médicos y psicólogos con los siguientes síntomas:

•   Fatiga crónica

- Falta de energía
- Pesimismo
- Fibromialgia

Los medicamentos no ayudarán, porque primero se debe eliminar la causa en sí.

Con el contacto prolongado con un vampiro energético, aparece el estrés y la fatiga. Puede haber fallas en los sistemas inmunológico y cardiovascular. Además de los problemas de salud, las personas notan la aparición de fatiga repentina, depresión, tristeza y vacío.

Capítulo 3
Tipología

Los vampiros energéticos se pueden dividir en dos tipos: los que no son conscientes de su enfermedad y los que se alimentan conscientemente de la energía de los demás.

El primer tipo no es tan peligroso socialmente. Y, por cierto, cualquiera puede convertirse en vampiro sin darse cuenta. Después de todo, cada uno de nosotros a veces experimenta falta de energía, como, por ejemplo, durante períodos de enfermedad o en situaciones estresantes en el trabajo. Algunas de estas personas "hambrientas" recuperan su fuerza en la naturaleza, la otra parte toma energía de las personas que los rodean.

Mucho más peligroso que el otro tipo, una nube de agresión y negatividad siempre parece estar rondando a esas personas. Ellos avivan un gran fuego a partir de una pequeña chispa. Succionan la fuerza vital de los demás. Y solo cuando todos son arrastrados por la corriente de su agresión, los vampiros de energía comienzan a sentirse notablemente mejor, incluso se vuelven sonrientes y amigables.

Entonces, ¿qué es el "vampirismo energético"? ¿Algún tipo de fuerza mística y desconocida con un signo menos? ¿Enfermedad? ¿O tal vez simplemente falta de espiritualidad y libertinaje ignorante? La respuesta debe buscarse en la naturaleza del vampirismo.

¿De dónde vienen?

La esencia de un vampiro energético comienza a depositarse en una persona desde la infancia. El hecho es que el campo de energía de los niños es muy débil y está desprotegido, y el bebé absorbe fácilmente la energía de sus padres y cuidadores. Por lo tanto, si el bebé no siente amor por sí mismo y, a menudo, escucha comentarios groseros y fríos de sus padres, crecerá caprichoso y, cuando crezca, comenzará a ser grosero con sus padres en respuesta. Como puede ver, incluso en la infancia, el vampirismo puede surgir en una persona.

Los vampiros adolescentes se reúnen en bandadas, están llenos de agresión, hostilidad, negatividad. Tales adolescentes buscan energía en actividades destructivas: pintan porches, prenden fuego a los buzones y tratan a los animales con crueldad. De tales adolescentes en el futuro crecen padres-tiranos, jefes-demonios.

Pero el vampirismo también puede manifestarse en alguien que se crio en la llamada familia "próspera", donde reinan la paz y el amor. ¿Por qué? Porque, lamentablemente, en muchas escuelas los profesores no superan las pruebas de idoneidad profesional. Y a menudo sucede que un vampiro de energía real resulta ser un maestro y educador de un niño. No hace falta decir que los niños bajo el cuidado de esa persona también serán propensos al vampirismo.

Tipología de los Psicovampiros

¿Qué tipo de personas atraen tal o cual tipo de "víctimas", cuáles son los mecanismos de su influencia y cuáles son las formas de contrarrestar?

Los psicovampiros se visten con diferentes ropas. Para mayor claridad, le daremos a cada tipo un nombre-característica y describiremos brevemente los rasgos de sus víctimas. Entre los psicovampiros hay tanto hombres como mujeres, y esta propiedad, una tendencia al psicovampirismo, puede ser más o menos pronunciada. Para algunas personas estas descripciones encajan a la perfección, mientras que otras tienen solo algunas características de un tipo u otro. Pero hay quienes encajan en varias descripciones a la vez. Alguien que es percibido por algunos como un vampiro puede comportarse como una víctima en las relaciones con los demás. En una palabra, todo el mundo es capaz de ser un psicovampiro y una víctima al mismo tiempo. Pero tanto el vampiro como su víctima, por regla general, se ven obligados a compensar su autoestima defectuosa. Pasemos a una breve clasificación:

* **Estrangulador de vampiros**
Un vampiro de este tipo está monstruosamente sobreestimado. Es imposible discutir o estar de acuerdo con él, tiene modales de tirano y está seguro de que es insustituible. La mayoría de las veces, un vampiro de este tipo es propenso al narcisismo. Si este es el jefe, absorberá la energía de sus subordinados hasta la sequedad; no importa lo que hagan, todo

estará "mal" para él. La víctima cae en su trampa astuta, y se aprieta una soga alrededor de su cuello.

• Vampiro "Sí, pero..."

Este psico-vampiro, en respuesta a la afirmación de cualquier otra persona, a la idea de cualquier otra persona, comienza: "Sí, pero...", sacando así fuerzas. Su posición se basa en la negación obstinada, lo que exige serios costos de energía por parte del interlocutor: el psicovampiro lo llena de argumentos de por qué, desde su punto de vista, no será posible hacer o cambiar algo.

• Víctima de vampiros

Cargó con todo el peso del mundo y camina constantemente con una mirada de sufrimiento. Todo es demasiado duro para él, su misma existencia es la carga más pesada. Tiene mucho tiempo, pero no aporta nada al final, sin mencionar su incapacidad para organizar su propia vida. Al mismo tiempo, es egocéntrico, y su principal principio de vida es éste: "me siento mal, y debes apoyarme, inspirarme, animarme, complacer". Está constantemente atormentado y arruina el estado de ánimo de todos con sus lloriqueos.

• Vampiro conservador

Tal vampiro solo quiere una cosa: que el mundo deje de desarrollarse. Sigue el lema: "Siempre lo hemos hecho de esta manera". Odia ferozmente el cambio y se aferra a lo viejo con ambas manos: "Si esta nueva idea fuera realmente buena, se me habría ocurrido hace mucho tiempo". Para el vampiro conservador, el tiempo está congelado. Sus víctimas son personas creativas y colegas con potencial de liderazgo que pueden golpearse la cabeza contra la pared y tratar de introducir al menos algunas ideas progresistas bajo ese líder.

- **Vampiro congelado**

Todos conocen la escena: la esposa se sienta a la mesa y, sollozando, se queja a su esposo: "¡Si solo me escucharas una vez cuando tengo problemas!" - y el esposo, escuchándola distraídamente durante un par de minutos, de repente informa que todavía necesita sacar a pasear al perro. Quizás este vampiro emocionalmente frío sea muy valorado en el trabajo, pero en las relaciones con sus seres queridos, está más interesado en la lógica seca que en los sentimientos. Sus víctimas, generalmente personas muy sensibles, son privadas de cualquier apoyo.

- **Vampiro indiferente**

Este vampiro, por supuesto, puede preguntarle al interlocutor cómo estás, pero lo más curioso es que no le interesa en absoluto la respuesta; y desalienta a sus víctimas. Por ejemplo, cuando un vampiro indiferente le habla de algo, como instándole a tomar una posición y expresar su opinión, y luego, tan pronto como usted abre la boca, le da la espalda y comienza a hablar con los demás. Usted, una víctima potencial de un vampiro, el piso se sale de debajo de sus pies: comienza a pensar que es aburrido y poco interesante. Se culpa por no tener una conversación.

- **Escalador de vampiros**

Este vampiro se fija los objetivos más altos: quiere conquistar los picos una y otra vez. Tales solicitudes son dolorosas para sus seres queridos: simplemente puede estrangularlos con sus demandas. Ya sean sus propios hijos o sus subordinados, el vampiro trepador les exige constantemente logros increíbles. Y si, contrariamente a las expectativas, todavía hacen frente a la tarea, inmediatamente devalúa sus éxitos: "Cualquier tonto podría hacerlo. Es un asunto de poca monta". Trata a los demás como perdedores, y los ignora deliberadamente. Acosa a los demás, e incluso a sí mismo, cada vez queriendo subir más y más alto, pero nunca llega a la meta, porque constantemente sube el listón. No es capaz de vivir en paz consigo mismo y transmite su eterna insatisfacción a los demás.

- **Vampiro educado**

La cortesía excesiva también puede drenar la energía. Este vampiro hace todo lo posible por no convertirse en una carga para nadie, pero es por eso que es una carga para todos. Con su eterno deseo de ayudar, se esfuerza en exceso y, como resultado, solo crea nuevos problemas para las personas. Si un vampiro educado es invitado a un restaurante y se le pregunta qué beberá, responde: "¿Qué vas a beber tú?". Siempre hay que volver a preguntarle hasta que finalmente elige al menos algo. El pudor excesivo de este psico-vampiro es a menudo terriblemente agotador.

- **Vampiro curioso**

Este vampiro siempre está metiendo las narices donde no debe. Con su deseo de entrometerse en los asuntos de otras personas, trae, aunque la mayoría de las veces sin darse cuenta, caos e innumerables malentendidos a las vidas de numerosas víctimas, a quienes atrae en varias historias sin sentido. En esencia, un vampiro curioso solo quiere arreglar las cosas y ponerlas en orden, pero logra justo lo contrario. La mayoría de las veces, se las arregla para salirse con la suya; después de todo, en secreto, simplemente tiró de los hilos de las marionetas.

- **Vampiro "Lobo con piel de cordero"**

Al principio, esa persona parece amigable, pero discreta, pero, de hecho, por así decirlo, está en su propia mente. Usted se mete en problemas con él todo el tiempo. A menudo, esa persona solo es aparentemente dulce y complaciente, pero en realidad es una máscara, detrás de la cual hay una entidad antiestética. Y lo más desagradable es que casi nadie es capaz de reconocer a esos psicovampiros.

- **Vampiro "No tengo nada que ver con eso"**

Tales vampiros son innumerables entre los altos ejecutivos, por ejemplo, algunos jefes que se han aferrado a la estrategia equivocada durante años, logran echar toda la culpa al equipo si la empresa sigue quebrando. Al parecer, estos subordinados no trabajaron bien, "de lo contrario, esta tienda no habría tenido que cerrar". Este tipo de vampiro se niega a admitir sus propios defectos: la incapacidad de asumir la responsabilidad y controlar la situación.

- **Experto en vampiros**

Esta persona es bastante despistada, pero se considera un experto en todo el mundo. Tiene una respuesta lista para todo, en cualquier situación es astuto y enfada a los demás con sus estúpidos consejos. El experto en psicovampiros devora el tiempo de las víctimas con largos y superficiales razonamientos, tratando de demostrar su conocimiento imaginario. ¡Ay de cualquiera que se atreva a señalarle a tal vampiro su completa incompetencia en el asunto en discusión: las relaciones con él se arruinarán para siempre!

- **Tipo molesto**

Este vampiro amplifica las emociones negativas de la "víctima". Es decir, si una persona está triste, "echará leña al fuego" para potenciar este sentimiento. Y cuando la "víctima" se muestra alegre y feliz, el vampiro energético definitivamente la llevará a un estado depresivo.

- **Aguafiestas**

Una persona melancólica y descontenta a la que le gusta hablar. Le da al interlocutor todos sus pensamientos extraños y secretos. A este vampiro energético le gusta colgar sus problemas en los demás. Él fácilmente le "expondrá" toda su vida, sin dejar de exagerar.

- **El narcisista**

Necesita atención y aprobación constantes. Le gusta ser el centro de atención y muchas veces no le interesa su contraparte. Le gusta gobernar sobre otras personas, porque al narcisista le resulta difícil empatizar con los demás.

* **El perfeccionista**

Es alguien que siempre parece hacer todo a la perfección. A menudo, estas personas roban su atención al hacer las cosas mejor que usted. Sin embargo, los perfeccionistas suelen crear una ilusión, porque en realidad son muy inseguros y anhelan el reconocimiento.

* **Gorrón**

Se aprovecha de la generosidad de quienes lo rodean. Siempre está pidiendo favores que otras personas a menudo no rechazarán.

Tipología y medidas de acción

* **Llorón**

Desempeñan el papel de una víctima indefensa, incluso cuando las cosas no están tan mal. Los quejosos expresan el problema, mientras que los donantes hacen todo lo posible para brindar una solución. Pero cualquiera que sea la solución que se le ofrezca, el llorón no la aceptará. Tiene miles de excusas para cualquier propuesta. Si el problema desaparece, ¿de qué se quejará y cómo ganará energía?

Salida: renunciar al papel de donante, hacer que el llorón piense en una salida a una situación difícil por su cuenta. "Sí, las circunstancias son así, ¿y qué planeas hacer?"

- **Tirano**

Tales personas se comportan con crueldad, tratando constantemente de hacer llorar al donante. Presiona en los puntos más dolorosos.

Salida: categóricamente no entre en discusión, fíjese en la calma y, si es posible, por cualquier medio, salga del campo de visión del tirano. Si no puedes escapar, imagine que está en una pompa de jabón que refleja al propio vampiro. La técnica de la autoironía también es excelente aquí.

- **Alborotador**

Una tormenta de emociones negativas es importante para este tipo, provoca disputas y agresiones en el donante, e incluso provoca disputas-escándalos entre extraños, disfrutándolo desde el exterior.

Solución: demuestre su indiferencia, no reaccione a las provocaciones. El peleador se cansará de esto muy pronto y comenzará a buscar otro donante.

- **Parlanchín**

La charla vacía le ayuda a alimentarse de la fuerza que da vida. No le importa de qué hablar: vecinos, parientes, política; es importante que lo escuchen el mayor tiempo posible y simplemente asientan con la cabeza en respuesta.

Solución: detener el flujo de información innecesaria al poder decir "no", o posponer la conversación indefinidamente, fingiendo que eres una persona muy ocupada y con prisas en algún lugar.

* **Benefactor**

Habiendo buscado a tientas el lado débil de una persona, el vampiro demuestra su simpatía y cuidado, y con el tiempo hace que el donante dependa de su apoyo. De esta manera, el benefactor aumenta su propia importancia y fuerza.

Salida: tomar la posición de una persona independiente que puede hacer frente a las dificultades sin ayuda externa.

* **Autovampiro**

Este es un tipo de vampirismo que está dirigido a uno mismo. En otras palabras, es masoquismo. El autovampirismo está formado por estereotipos limitantes internos aprendidos en la infancia. Una persona impulsada por este demonio se convierte en un títere, rehén de las opiniones y creencias de otras personas. Vive bajo dictado, olvidándose de sus verdaderos deseos.

Solución: desarrollarse personal e intelectualmente, conocerse a sí mismo, asistir a capacitaciones y seminarios psicológicos. Permita en lugar de prohibir examinando su sentido de sí mismo para comprender sus verdaderos deseos.

¿Se ha encontrado con algunos de ellos? Como víctima, como vampiro, no importa. Le diremos que cómo una víctima potencial puede protegerse de manera confiable de cualquier vampiro psicópata, sin importar a qué tipo pertenezca. Debe cambiar su comportamiento y el vampiro ya no le verá como una víctima o, en cualquier caso, perderá poder sobre usted, aunque su propio comportamiento no cambiará. Si usted mismo vio un psico-vampiro en sí mismo, continúe leyendo este libro de todos modos para comprender cómo lo perciben los demás y por qué algunas situaciones no son lo que parecen a primera vista.

Cómo exactamente el psico-vampiro revela las debilidades de las víctimas potenciales sigue siendo un misterio, a pesar de todos los intentos de explicarlo en términos de psicología. Este mecanismo es comparable al fenómeno del amor a primera vista, por eso es tan peligroso en manos de un psicovampiro. Pero, al final, cambiar la situación depende de las propias víctimas, y si trabajan sobre sí mismas, entonces todo es posible.

Paradójicamente, los psicovampiros se encuentran con mayor frecuencia en nuestro entorno inmediato. Están muy cerca del mundo de los sentimientos de sus víctimas, ya sea como superiores inmediatos o como miembros de la familia. Es por eso que encuentran tan rápidamente su camino hacia el corazón y los puntos débiles de la víctima. Es esta cercanía la que nos hace percibir con tanta agudeza las acciones o declaraciones de alguien: si fueran extraños, ni siquiera moveríamos una oreja. Como dice el dicho "las traiciones nunca vienen de un extraño".

La misma circunstancia complica enormemente la comunicación con los psicovampiros: a menudo no pueden simplemente ser contratados y despedidos, así como cortar todas las relaciones con ellos. ¿Y cómo "despedir" a su cónyuge, pareja, hijos, jefe, suegra o vecina? Así que solo queda una cosa: construir sus propios reductos defensivos.

La imagen de un psicovampiro ayuda a mirar positivamente el desequilibrio en las relaciones interpersonales. En rigor, los psicovampiros nos brindan un curso expreso y gratuito de autoconocimiento, una pequeña introspección que, incluso con el apoyo de un psicoterapeuta competente, llevaría años. Es cierto, desafortunadamente, este curso no es solicitado.

Vampiros energéticos a la hora de buscar pareja

Por suerte, no es que los vampiros energéticos estén por todas partes, pero también puede ocurrir que en la búsqueda de pareja se encuentre con un vampiro energético. Sin embargo, a menudo uno lo nota con bastante rapidez cuando se encuentra con un vampiro de energía mientras coquetea. Las señales pueden ser, por ejemplo, que ya estás bajo presión después de intercambiar las primeras palabras tiernas: "¿Por qué no me respondiste INMEDIATAMENTE?", "¿Por qué no tienes tiempo para mí este fin de semana?", "¡Estoy bien contigo, aunque no lo parece para ti!". Tales declaraciones solo tienen la intención de hacerle sentir culpable. Una persona empática no presionaría y también entendería si no puede ajustar su rutina diaria a él de inmediato; sin embargo, un vampiro de energía también quiere toda su atención aquí y piensa posesivamente en todos los aspectos. Incluso cuando se reúnen, por lo general se dan cuenta claramente cuando se trata de uno de los tipos mencionados anteriormente. Porque lo que todos tienen en común es que sólo hablan de sí mismos. También tenga cuidado cuando los vampiros de energía intenten ejercer poder al buscar pareja cambiando su comportamiento o incluso su apariencia. Esto puede lograrse en parte mediante un socavamiento casual pero mezquino. "¿Qué, OTRO pedazo de pastel? Bueno, alguien tiene hambre... por cierto, los pantalones del otro día te quedaron mejor, ¡no estaban tan apretados!"

Los vampiros energéticos también son un gran problema en las asociaciones existentes. Si una relación está tan desequilibrada porque uno de los miembros de la pareja constantemente le roba energía al otro, el fracaso es inevitable y la separación es a menudo la única forma en que el miembro "explotado" puede recuperar su energía y alegría de vivir originales.

Capítulo 4
¿Cómo reconocerlos?

Una persona tiene que lidiar con vampiros de energía constantemente. Incluso puede tener vampiros en su familia. Una persona celosa es un vampiro energético por definición. Con su desconfianza y recelo, chupa la fuerza de quien supuestamente ama. A menudo, la relación entre suegra y yerno, entre nuera y suegra, resulta ser la relación de un vampiro y su víctima. Un enfermo de su familia puede convertirse temporalmente en un vampiro energético: con sus caprichos y lloriqueos, tomará la fuerza de sus allegados para recuperarse antes.

Trabajar bajo la guía de un vampiro de energía tampoco es fácil: tal jefe descargará su agresión sobre sus subordinados, los insultará en la cara y organizará "ataques" regulares.

La mayor concentración de vampiros energéticos se puede encontrar en instituciones burocráticas, oficinas de correos y puntos de cobro de facturas de servicios públicos. Pero si todavía puede protegerse de algún modo de tal vampirismo, entonces es casi imposible protegerse del vampirismo energético de la multitud.

En primer lugar, preste atención al comportamiento de la persona. Debes estar extremadamente alerta si una persona les mira a los ojos, trata de tocarle el brazo, el hombro, la espalda, se aferra a usted con conversaciones y lo hace de manera obsesiva. Los vampiros de energía usan la energía de otra persona y eligen por sí mismos una cierta forma de extraer este poder. Gracias a esto, puede intentar reconocerlos.

Existen los llamados "vampiros lunares (pasivos)" que provocan lástima y compasión en los demás. Aquellos. son vampiros a los que les encanta quejarse de todo y de todos en esta vida complejamente injusta (en su opinión). Y también hay "vampiros soleados (activos)" que hacen que otras personas se sientan enojadas, temerosas e independientes. Provocan, incitan, eligen una línea agresiva de comportamiento. La tarea principal de cualquier vampiro energético es obligar a una persona a derramar ciertas emociones para que se vuelva más vulnerable.

Signos que los delatan

La principal característica distintiva es que siempre molestan y cabrean a otras personas. Cualquier pequeña cosa puede servir como motivo de pelea. También pueden humillar al interlocutor en presencia de los demás, reírse de él y jugarle una broma malvada para causar irritación.

Pueden pedir dinero prestado y no devolverlo. Sin embargo, prometen constantemente "lo antes posible".

Los vampiros energéticos son personas sospechosas, aburridas y egoístas. A menudo, simplemente no escuchan al interlocutor, porque al vampiro no le importa su opinión, sus pensamientos y sentimientos.

El vampiro energético es muy celoso y vengativo. Protege a su donante personal del mundo exterior, lo rodea con mayor atención y cuidado, y está celoso de los demás.

Pueden hablar por teléfono durante horas. Inmediatamente cargan a su interlocutor con sus problemas y fracasos. La conversación se parece a una charla ordinaria sobre nada, pero después, por alguna razón, comienza a sentirse cansado y deprimido. Es muy difícil deshacerse del vampiro energético, el resentimiento comienza de inmediato. A veces solo queda cortar la llamada y apagar el teléfono para librarse de ellos.

Los vampiros aman las multitudes: filas, demostraciones, grandes tiendas. Les gusta aparecer donde hay una alta probabilidad de escándalo. El escándalo es una fuente adicional de energía para ellos.

Cabe decir que también existen tipos mixtos: una misma persona puede manifestarse en distintas situaciones tanto como vampiro energético como donante. Entre ellos, a menudo se encuentran personas encantadoras y amables que simplemente no notan su impacto negativo en los demás.

Capítulo 5
¿Cómo lidiar con ellos?

Para protegerse de las acciones de un "chupa-energía", debe comprender que los vampiros se alimentan de emociones (positivas y negativas) y cuanto peores sean sus asuntos, más alegría experimentan los vampiros. Por lo tanto, utilice nuestros consejos sobre cómo comunicarte con un vampiro energético:

El primer paso es reconocerlos. Pero hay algunos consejos más que no le salvarán del vampirismo virtuoso, pero le salvarán los nervios y la fuerza, incluso si ya le han atrapado.

Los objetivos de los amantes de la vitalidad de otras personas suelen ser buenas personas. Los vampiros eligen a aquellos que son compasivos y tienen un buen corazón. Una persona que sabe cómo simpatizar es más fácil de atraer a un juego que terminará en su completa devastación.

Por lo tanto, los propietarios de una inteligencia emocional subdesarrollada casi nunca se convierten en víctimas de los vampiros energéticos; después de todo, es muy difícil "disolverlos" en sentimientos. Pero, ¿significa esto que necesitamos urgentemente "cortar" toda nuestra capacidad de empatizar?

¡Por supuesto que no! La incapacidad de compartir emociones rara vez se convierte en una ventaja; por lo general, solo evita que una persona construya relaciones con otras personas. Por lo tanto, es más fácil aprender a retratar a un "robot", sobre el cual un vampiro solo romperá sus colmillos. Y ahora hablaremos de cómo hacerlo.

Ahora que ya sabe lo suficiente sobre los vampiros energéticos y es capaz de identificarlos en su entorno, debe saber cómo protegerse de ellos. Lo más importante, nunca entre en conflicto con un vampiro psicológico. Después de todo, él, de hecho, le provoca para que las cosas se salgan de control y él alimentarse de su energía. Trate de no mirar al vampiro a los ojos: es a través de los ojos que más activamente le quita su vitalidad.

Se recomienda evitar la comunicación con personas que constantemente se quejan de su vida, inscribiéndose como perdedores, culpando a la fortuna, al destino y a toda la población del globo por sus fracasos. No tenga miedo y no se avergüence de la condena de la sociedad, que supuestamente sentencia "Tú eres indiferente a los problemas de los demás". A la sociedad que el vampiro se refiere, es en realidad una comunidad de vampiros de energía activa que necesitan entrar en conflicto contigo. Mire a su alrededor y tienda una mano amiga a quien realmente lo necesita, pero no se queje de la vida y sonría cada nuevo día.

Cuando se vea obligado a comunicarse con un vampiro energético, cruce los brazos sobre el pecho, junte los pies: así es como "cierras" su campo energético.

Se recomienda a las personas cuyo trabajo se basa en la comunicación constante que aprendan a construir "barreras" ante vampiros energéticos. En el proceso de comunicación, debe construir mentalmente, usando solo imágenes, una pared de ladrillos entre usted y una persona sospechosa de ladrón de energía. Construya bien ese muro ladrillo a ladrillo, imagine como pone cemento, como pone un ladrillo encima. Tal pared figurativa le protegerá de los ataques.

Otro truco psicológico: durante una conversación, trate de ponerse mentalmente en una bola de cristal y comuníquese con la otra persona a través de un tubo que imaginó entre ustedes. Esto acrecentará sus sentimientos de individualidad, que su espacio no está amenazado, y que solo un fino canal lo une con el otro ser, que puede ser obstruido cuando a usted le plazca.

Si aún se encuentra devastado por un vampiro de energía, intente recuperar su fuerza lo antes posible. Para hacer esto, tome una ducha de contraste, un buen impulso psicológico al cual será su idea de que toda la energía negativa se elimina de usted junto con el agua. Luego beba té de hierbas caliente y salga a caminar por el bosque o parque más cercano.

Qué hacer en el momento

Los vampiros energéticos son reinas del drama clásico. Siempre están en el centro del terror, una catástrofe que está a punto de destruir por completo sus vidas. Por lo tanto, los vampiros están en una búsqueda eterna de personas que estén listas para unirse activamente en la "solución" de sus problemas. Sea insensible: diga que está cansado o no se siente bien; déjelos ir hacia otras potenciales víctimas. ¡Si! ya sé, no suena bien, pero primero está usted. Si todos nos educamos bajo esta consigna, el vampiro energético no tendrá donde clavar sus colmillos.

- ## **Desarrollar la conciencia**

Primero, se debe tomar una decisión consciente para dejar de estar privado de energía. Tome conciencia de lo que es importante para usted. Si es consciente de lo que lo lleva más lejos, entonces queda claro qué personas le gustaría tener en su vida y cuáles no son buenas para usted.

- ## **Use respuestas cortas**

Los vampiros energéticos tienden a ser muy inseguros. Quieren que todos los demás sean iguales y, por lo tanto, recurren constantemente a la crítica. Nunca deje que le arrastren a ese juego. Reaccione ante cualquier regaño con comentarios breves: "sí", "entendido", "lo tendré en cuenta", "gracias". Responda, manteniendo una expresión pétrea en su rostro; no demuestre sus emociones. Cuanto menos hable con el vampiro de energía, mejor.

- ## **Controle lo que dice**

Los vampiros energéticos intentan constantemente crear relaciones de codependencia. Muy a menudo, usan conexiones existentes para esto: por ejemplo, un colega puede seleccionar contenidos de conversaciones de trabajo para llevarlos a temas cotidianos, advirtiendo sus puntos débiles. No tenga miedo de declarar sus límites en cualquier momento de la comunicación: tiene todo el derecho de regular la comunicación tanto en el tiempo como en el contenido. ¡Sí, incluso si no lo ha hecho antes!

- **No tener miedo**

¡A los vampiros les encantan los ultimátum! Tarde o temprano, comenzarán a amenazarle: prometerán dejar o quitar el "hombro confiable", dejando de ser "soporte y apoyo". Actúe como si no le importara. Los vampiros asustan a los demás solo porque el miedo de otra persona es una emoción muy sabrosa y nutritiva. Y recuerde una respuesta universal en caso de negociaciones importantes: "¿Qué?, ¿cómo?, ¿es esto una gran pérdida?"

- **Aprenda a decir no.**

Negarse amablemente a hacer algo que no le gusta después de la primera solicitud que le resulta difícil de cumplir.

- **Defienda sus límites.**

Usted es un adulto consumado. Nadie puede decirle que hizo algo mal y regañarle como a un niño, o que tiene mal genio.

- **Realice un seguimiento de los arrebatos emocionales**

No solo los negativos, sino también los alegres. En las primeras etapas, los vampiros se alimentan con experiencias positivas para unirse. Entonces aflojan su swing emocional.

- **No crea en chismes**

Los rumores bien inventados suenan bastante plausibles, pero piense por qué la persona le está diciendo todo esto y cómo su pelea con el objeto del chisme será beneficiosa para él.

- **Controle sus propias emociones.**

Esta es una excelente defensa contra las acciones del agresor. Si mantiene la calma y no sucumbe a las provocaciones, pronto el "juego" terminará y se quedará atrás.

- **Evite el contacto con los ojos y el cuerpo**

Evita de este modo que él analice sus emociones.

- **No hable de fracasos, problemas y negatividad.**

A su vez ignore sus quejas sobre la vida y esas conversaciones.

- **No comparta detalles de su vida personal**

Para evitar que el agresor utilice cualquier información suya en su contra, no debes hablarle de su estado personal, salarial, o de salud.

- **Evádalos**

Están tratando de provocarle un escándalo, de llevarlo a las emociones. De ninguna manera se rinda, porque esto es exactamente lo que necesita un vampiro energético. Intente reaccionar con calma y controlarse. No sucumba a las provocaciones, es más, deséele lo mejor mentalmente o en voz alta y déjelo marchar en paz. Incluso si él se aferra más, atrayendo la atención, mantenga la calma y salga de la zona negativa lo antes posible. Déjelo buscar otra víctima; de repente tiene suerte.

- **Cortar por lo sano**

Cuando comiencen a quejarse de la vida y a llorar en su chaleco, es el momento de ser persistente y encontrar una manera de interrumpir esa conversación: refiérase a cualquier cosa, un dolor de cabeza, asuntos importantes urgentes. Con este resultado, el vampiro de energía lo dejará atrás e irá en busca de otra víctima, porque de hecho no le importa que alguien recargue sus pilas. Es cierto que es cada vez más fácil usar una víctima comprobada, así que manténgase alerta y prepárese para un cambio de táctica.

• Cambio de polaridad

Si sospecha que un ser querido es vampirista y usted no es capaz de negarse voluntariamente a que se alimente de su voluntad, trate persistentemente de cambiar la energía negativa a positiva. "A mí con agresividad, yo a ti con amabilidad". En lugar de resentimiento y eliminación, una vez más (y, de hecho, nada superfluo), abrace, bese, perdone, diga algo agradable, elogie (según la situación). Su energía vampírica se ablandará, se volverá más amable, cambiará la ira por piedad. Y no perderá nada, solo ganará un poco de bondad en su círculo íntimo. La bondad no se puede regalar, la bondad solo se puede compartir. Y cuando compartes la bondad, se multiplica en usted.

• Mostrar límites

Decir no, resulta difícil. Pero esta palabra ayuda a trazar límites. Tampoco necesita explicación. Si el colega quiere volver a contarle sus inquietudes, la respuesta es "No, estoy ocupado" o "Lo siento, tienes que pasar por esto solo". Dibujar límites también significa que a veces tiene que ser hostil. Pero debe protegerse cuando los demás no son considerados.

- **Rodéese de personas positivas**

Rodearse de personas positivas más a menudo ayuda a evitar la negatividad del drenador de energía. Analice las conversaciones: ¿eres solo el "papelero de reciclaje"? ¿Se trata constantemente de la otra persona y sus problemas negativos? Trate de cambiar la conversación en una dirección positiva.

- **Contacte sí realmente lo desea**

Solo conozca a la persona si se siente bien. Tome una decisión consciente de antemano si realmente quiere conocerla o si simplemente se siente obligado.

- **Desconectar**

Si ninguno de estos puntos ayuda o el vampiro de energía simplemente no respeta sus límites, entonces solo queda una cosa: distanciarte y romper el contacto.

No siempre es posible eliminar por completo el contacto con un vampiro energético, porque algunos de ellos están en nuestro entorno familiar cercano o amigable.

Otra forma de lidiar con los vampiros de energía es "cerrar": una pared protectora de energía. Durante la comunicación, intente "cerrar" uniendo sus manos en un castillo, o construya mentalmente (imagínese frente a usted) un muro que lo separe del vampiro de energía. Incluso si solo asume (no del todo seguro) que esta persona es un vampiro de energía, construya este heno de protección.

Si se siente mal después de hablar con una persona, tome un descanso, tome un baño caliente, salga a caminar al aire libre, haga procedimientos de

relajación, hable con alguien en quien confíe o alguien
que lo inspire.

Capítulo 6
Empatía/ Codependencia/ Manipulación

En este capítulo hablaremos de la empatía peligrosa, más conocida como "lágrimas de cocodrilo" y diferenciaremos la empatía cognitiva de la empatía afectiva.

Cuando hablamos de empatía, queremos decir "siento lo que siente otra persona", empatía afectiva por así decirlo.

Cuando entra en juego el tema de la empatía, un terapeuta o psicoterapeuta de pareja se refiere a esta forma: Los socios deben mostrar más comprensión y empatía entre sí, el comportamiento compasivo debe conducir a una relación más amorosa y fortalecer los lazos entre los socios. Esto también es cierto. Pueden unirse y ser una fuente de alegría compartida. Por un lado. Pero si, por ejemplo, uno de los miembros de la pareja está en una profunda crisis mental o física, demasiado puede tener un efecto estresante.

Los terapeutas comprenden el lado oscuro de la empatía: la visión de túnel impide ver la realidad compleja, la consideran inadecuada para desarrollar estrategias de solución a largo plazo cuando se trata de ayudar a los demás.

Cuando estamos atrapados en la difícil situación de los demás, es difícil ver la situación. Asumimos demasiados sentimientos negativos agobiantes como la desesperanza, el dolor, el sufrimiento o la pena, la avalancha de sentimientos amenaza con bloquear nuestra capacidad de actuar.

La empatía afectiva conduce al estrés empático, cuyo nivel depende de la sensibilidad de la persona y de las circunstancias. Si la situación estresante persiste, por ejemplo, en las relaciones cercanas con miembros de la familia que están deprimidos o que necesitan atención, esto puede, en casos extremos, conducir al agotamiento emocional.

El estrés empático también conduce a una menor ayuda o incluso a la agresión:

Un experimento de Tania Singer del Instituto Max Plank de Ciencias Cognitivas y Cerebrales Humanas mostró cómo la empatía afectiva afecta el estado de ánimo.

Un grupo de sujetos fue sensibilizado a la empatía emocional durante unas semanas. El grupo de comparación recibió instrucciones de practicar la empatía cognitiva combinada con una actitud amistosa.

Luego se observó la reacción de los dos grupos a las películas con personas necesitadas. De hecho, los sujetos emocionalmente sensibilizados sufrieron más, y esto resultó en un estado de ánimo más negativo. El grupo de comparación pudo pensar mejor de una manera orientada a la solución.

Hay otro peligro que se cree que proviene del "reflejo de empatía": los grupos y la pertenencia a grupos también funcionan de esta manera. Exactamente aquí, sin embargo, se encuentra un inconveniente. Dado que la esencia de la empatía afectiva se basa en impulsos emocionales y no en la formación de opiniones reflexivas, es solo eso: irreflexiva. Una persona altamente sensibilizada empáticamente que descuida el lado cognitivo puede ser fácilmente manipulada a través de este tipo de empatía. Las personas significativas, las opiniones de grupos o los medios de comunicación pueden transmitir información emocional unilateral con imágenes, historias principales sensacionalistas y apelaciones (pseudo) morales a las que sucumben las personas 'propendas a la empatía'. Este mecanismo es utilizado por estados autoritarios para asegurar a quienes están en el poder.

La mayoría de las veces se trata de la exclusión de los demás, de los que piensan diferente, de las minorías. La empatía es con el grupo mayoritario fuerte, no con los que sufren. Otro punto de vista dice que el problema no es tanto la "empatía" sino la dinámica del sistema autoritario.

La otra forma de empatía

La buena noticia es que existe otra forma de empatía que es menos estresante y, sin embargo, promueve y permite la ayuda, la llamada empatía cognitiva.

La empatía cognitiva es otra forma de ponerse en el lugar del otro. Se trata menos de sentir y más de capturar mentalmente las intenciones, sentimientos y motivaciones de los demás. Este tipo de percepción también difiere neurofisiológicamente: mientras que la empatía afectiva está ligada a la amígdala, la empatía cognitiva se localiza en la corteza prefrontal. A diferencia de la empatía, no existe una autoidentificación con la otra persona, sino que la persona cognitivamente empática adopta una actitud de aceptación amistosa.

Cuando la empatía afectiva tiene sentido

La gran fortaleza de la empatía afectiva es que la identificación con la otra persona y la empatía emocional genera mayor cercanía con la pareja, se fortalece la relación, se libera oxitocina, la hormona de la relación. Comprender los sentimientos y necesidades de una persona desde su perspectiva es muy importante para mantener una buena relación. Esto crea y mantiene la cercanía emocional. Solo así somos capaces de reconocer lo que es importante para la otra persona y comportarnos en consecuencia. Las personas que sufren aislamiento social durante mucho tiempo pierden la sensación de evaluar correctamente a los demás e interpretar correctamente su comportamiento y necesidades. A veces el contacto social positivo es suficiente, a veces el apoyo de la psicoterapia es útil, la dosis lo es todo.

¿Qué aprendemos de esto?

Ambas formas de empatía se pueden entrenar activamente. Y ambos son importantes. Sin embargo, tenemos que decidir cuál es más barato dependiendo de la situación. Así como las parejas separadas pueden aprender más empatía emocional y resonar en la relación a través del entrenamiento en terapia de pareja, es posible que las personas emocionalmente muy sensibles aprendan a dosificar su compasión a favor de una mejor higiene mental, más capacidad de acción y soluciones mejor consideradas.

Codependencia

La codependencia es un tema con el que muchos están familiarizados, especialmente en relación con las adicciones. Sin embargo, la codependencia también puede desarrollarse en las relaciones, lo que puede tener consecuencias nefastas para uno o ambos miembros de la pareja.

La relación entre una persona y un familiar adicto se describe originalmente como "codependencia". Esto significa que los familiares o parejas se implican emocionalmente en el sufrimiento del adicto y dependen de la necesidad de ayuda. Los adictos, por otro lado, sufren de la adicción en sí, pero también manipulan a las personas cercanas a ellos para poder continuar con ella. En algunos casos, la adicción de los afectados es incluso promovida inconscientemente por familiares encubriéndola o incluso apoyándola económicamente. Esto crea una interacción malsana en la que ambos sufren.

Sin embargo, el comportamiento codependiente también aparece en las relaciones no adictivas: a menudo surge cuando uno de los miembros de la pareja sufre un trastorno de apego o relación en el que hacen del otro el centro de sus vidas. La distribución de roles en las relaciones codependientes se ve así:

Pareja con trastorno de apego: Depende emocionalmente del otro, orienta su vida completamente a sus necesidades, tiene miedo al abandono, es pegajoso y necesita mucha confirmación. En la relación, estas personas asumen el papel del "adicto" que no puede prescindir de su "sustancia adictiva", en este caso la pareja.

Pareja sin trastorno de apego: el otro miembro de la pareja generalmente no tiene apego o trastorno de relación, pero sufre el comportamiento de apego del otro. Al igual que los miembros de la familia de los adictos, las parejas de las personas emocionalmente dependientes pueden reforzar su comportamiento poco saludable de búsqueda de amor al volverse protectores, controladores o usar su posición de poder para manipular al otro.

Esta ponderación desigual en la distribución de roles crea una relación en la que ambos socios no tienen los mismos derechos. En esta estructura enfermiza, ambas personas se empujan más hacia abajo, reforzando el comportamiento negativo del otro. Esta no es una relación de amor saludable a la altura de los ojos.

Señales de codependencia

Una relación codependiente puede manifestarse de muchas maneras diferentes y no siempre es inmediatamente patológica. Puede ver en las siguientes señales de advertencia si usted está comprometido en una relación codependiente:

• Tiene mucho miedo de ser abandonado y de estar solo.
• Siente que ya no puede vivir sin su pareja.
• Siempre antepone sus propias necesidades a las de él.
• Quiere complacerlo y evitar discusiones con él.
• No tiene pasatiempos o intereses propios que pueda perseguir solo.
• Siempre trata de estar allí cuando llega a casa.
• Ha estado sufriendo de ansiedad, depresión o ataques de pánico desde que empezó a salir con él.
• Los amigos y la familia ya están preocupados porque casi no pasa tiempo con ellos.
• Eres muy celoso
• Necesitas constantemente la validación de él y solo entonces te sientes amado.
• Te sientes inseguro y sin importancia sin él.
• Sientes que tienes mucho más amor por él de lo que él te ama.

Causas de la extrema dependencia de la pareja

Las causas de la codependencia pueden ser muy diversas. A menudo, una pareja sufre de un apego o trastorno de la relación, a causa de una adicción al amor, a la armonía o la dependencia emocional. También en el caso de los trastornos de personalidad, como el límite, la persona afectada puede ser dependiente de la pareja. Aquí hay cinco causas más de codependencia:

1. Experiencias tempranas de pérdida: cualquier persona que haya perdido a un ser querido cuando era niño o haya experimentado negligencia de los padres busca seguridad en las relaciones cuando sea adulto. Tales personas tienden a perderse por completo en el amor por otra persona. Al mismo tiempo, debido a sus primeras experiencias de pérdida, tienen mucho miedo de que esta persona también se separe de ellos. Esto crea una dependencia emocional en la pareja.

2. Trastornos de personalidad: Como ya se ha mencionado anteriormente, los trastornos de personalidad, como borderliners, narcisistas o histriónicos, también pueden conducir a la codependencia en la relación. Los trastornos implican asumir un rol sumiso o muy dominante. Sin embargo, algunas de estas son relaciones tóxicas.

3. Dependencia aprendida: las personas que luego se vuelven dependientes de su pareja suelen experimentar la misma estructura de relación con sus propios padres. Experimentan la codependencia de los padres como algo natural y perpetúan este patrón de comportamiento poco saludable como adultos. Tienen la creencia interna de que la división de roles en una parte de ayuda y otra de necesidad en el amor es normal.

4. Baja confianza en sí mismo: las personas que se vuelven emocionalmente dependientes de una pareja a menudo tienen una autoestima muy baja. El rechazo y las críticas constantes por parte de los padres u otras personas cercanas a ellos suelen ser responsables de esta autoimagen. Esto hace que estas personas sean extremadamente dependientes del juicio de los demás. Sin el cariño y la validación de su pareja, sienten que no pueden vivir.

5. Síndrome del ayudante: cualquiera que asuma la parte de ayuda, es decir, más dominante, en una relación de amor codependiente puede tener el síndrome del ayudante. Se sumerge por completo en el papel de protector y necesita la admiración de su pareja para sentirse bien.

Los patrones y estructuras de comportamiento de una codependencia a menudo son difícilmente reconocibles para los afectados, lo que dificulta el diagnóstico sin ayuda profesional. Sin embargo, lo que es claramente evidente son los efectos del fenómeno: los codependientes a menudo sufren molestias psicosomáticas, que pueden ir desde tensión hasta dolores de cabeza o de espalda, trastornos alimentarios o incluso depresión.

¿Por qué es tan peligrosa la codependencia?

Abandono de uno mismo, juegos de poder, adicción o síndrome del ayudante: en una relación codependiente, al menos uno de los miembros de la pareja muestra un patrón de comportamiento poco saludable que imposibilita una relación honesta e igualitaria. Las necesidades de ambos socios deben comunicarse claramente y deben ser igualmente importantes. Si uno siempre se sacrifica por el otro o sufre de apego compulsivo de la pareja, la relación se vuelve tóxica y lo más probable es que termine antes de tiempo.

La codependencia también es un mecanismo que se encuentra a menudo en las relaciones abusivas. Es por eso que los narcisistas en particular usan la inseguridad de la parte emocionalmente dependiente para afirmar sus propias necesidades y deseos de poder.

Romper el ciclo: cómo romper la codependencia

Para superar la codependencia, primero debe ser reconocida por los afectados. Este paso es probablemente el mayor obstáculo, después de eso, la ayuda profesional es invaluable.

Los pasos principales para las personas codependientes son:

- Reconocer el problema de la situación
- Obtener una evaluación externa
- Cuestionar la satisfacción en la relación.
- Descubrir las razones de la adicción.
- Reflexionar sobre las creencias internas sobre el amor y la sociedad
- Analizar el comportamiento general en las relaciones y amistades.
- Buscar apoyo profesional a través de la terapia
- Construir la propia autoestima
- Desarrollar la independencia
- Perdonarse a uno mismo y a la pareja.

Dependiendo de la situación y el tipo de codependencia, ambos miembros de la pareja pueden trabajar juntos con un terapeuta para construir una relación saludable entre ellos. A veces, sin embargo, una ruptura también puede ser un paso esencial en la liberación y la recuperación, especialmente cuando las divisiones de roles poco saludables están demasiado arraigadas en ambos.

Manipuladores

Los maestros de la manipulación, los adivinos gitanos, saben mejor a quién ofrecer qué: con una niña hablarán sobre el amor, con una anciana, sobre las dificultades con los hijos adultos, con un hombre, sobre los problemas en el trabajo y con casi todos, sobre la falta de dinero. "Lo sé todo de ti, te diré toda la verdad", canta la gitana.

Esa es la técnica principal del manipulador: encontrar puntos de dolor o de necesidad y realizar las acciones necesarias con ellos: presionar o acariciar. Y el objetivo principal es una victoria unilateral: cuando se comunica con una persona así, solo él permanece en neutro. Y esto se entiende cuando al final se cae en el embrujo del manipulador, y se termina comprando una bebida brillante pero terriblemente insípida, le dé a la adivina el contenido de su billetera, o acepte el trabajo extra de su jefe para hacerlo en su casa el fin de semana.

Un pariente, jefe o vendedor -alguien que, según la situación, actúa como manipulador- no lo trata a usted como a una persona. Para ellos, usted es solo un subordinado, un acompañante o un "comprador": así es como los empleados de la tienda a veces llaman despectivamente a sus clientes. El manipulador trata a otras personas como cosas. Los manipuladores no tienen en cuenta el hecho de que junto a ellos hay una persona viva que tiene sus propios sentimientos.

A veces realmente parece que un manipulador le ha exprimido el corazón o está tirando de los hilos como un titiritero. Es importante prestar atención a sus propios sentimientos, incluidos los corporales. Si siente una vaga ansiedad o, por el contrario, siente ganas de encogerse como una bola, el cuerpo realmente no obedece y, al mismo tiempo, comprende que no quiere hacer lo que le ofrecen, lo más probable es que se esté comunicando con un manipulador. El manipulador puede usar hábilmente nuestros sentimientos de culpa, miedo, orgullo, la capacidad de lástima o la duda, y si ha logrado su objetivo al menos una vez, continuará usando las mismas técnicas en el futuro, o sea, es un vampiro psicológico.

Hay varios tipos de manipuladores, y se pueden dividir según la cualidad que prefieran demostrar al comunicarse con otras personas. Primero, fuerza. El manipulador-comandante selecciona una víctima y comienza a manejarla activamente, dando órdenes. Si hay varias víctimas, experimenta mucho placer, pero es posible que se limite a una sola persona: los débiles. Muchos ceden cuando se les muestra poder abiertamente.

La segunda cualidad es la sensibilidad. Al manipulador huérfano le encanta demostrar debilidad, ternura y, digamos, no a la mente más rápida. De hecho, él es una víctima, pero la víctima, a quien las personas compasivas sin duda se apresurarán a ayudar, la apoyará de todas las formas posibles, escuchará los lamentos durante horas y hará su propio trabajo por ella.

Criticar, llegando al punto de la humillación, amenazar, ser grosero, presionar e insistir, tal es la táctica del manipulador-agresor. En respuesta a su comportamiento, por lo general quieres ceder; nunca se sabe, él dirá algo más desagradable o hará algo. Por lo tanto, según la investigación sociológica, los restaurantes atienden mejor a los clientes arrogantes y exigentes.

Sin embargo, hay manipuladores que son impulsados por la bondad. Parecería que esta cualidad y la manipulación no tienen nada en común, pero cuando le ofrecen ayuda de manera obsesiva y persistente, susurrándote al oído: "Confía en mí, sé cómo hacerlo mejor", cuando patrocinan, ayudan y, como resultado, usted se siente atado de pies y manos y no tiene control de su vida, esa supuesta ayuda se convierte en cordialidad azucarada y amor fuera de lugar. Tales manipuladores son a menudo madres a las que les encanta meter la frase en la conversación: "¡Te di toda mi vida!" Aunque en realidad, por el contrario, les roban la vida a sus hijos, obligándolos a existir a instancias suyas.

Y, por último, el truco. Esta categoría, por supuesto, incluye a los estafadores y otras personas que solo piensan en su propio beneficio. Afortunadamente, son los más fáciles de descifrar y se encuentran con mayor frecuencia en ciertos lugares. Excepto, quizás, por una vecina que sueña con venderle su abrigo de pieles, aunque a usted no le guste. Las víctimas de una astucia manipuladora, dotada de una buena cantidad de encanto, suelen ser chicas jóvenes: se enamoran fácilmente de la adulación elegante.

No es sorprendente que no solo seamos atacados por manipuladores, sino que nosotros mismos usamos sus tácticas con bastante frecuencia en la vida cotidiana. Everett Shostrom, maestro manipulador y autor de The Manipulator, escribe: "Todos somos manipuladores, pero en lugar de rechazar nuestro comportamiento manipulador, debemos tratar de transformarlo en un comportamiento actualizado.

El manipulador casi nunca traiciona sus verdaderos sentimientos: siempre miente, finge ser otra persona. Por ejemplo, al querer pasar una velada con amigos, comenzará con deseos de felicidad, luego fingirá estar cansado, se quejará de que no ha respirado aire fresco durante mucho tiempo y solo después de eso ofrecerá una reunión. El actualizador simplemente dirá que quiere ver a sus amigos y tiene la intención de pasar tiempo con ellos.

El manipulador se limita a sí mismo y a su vida: no le importa lo que no sea capaz de traerle un beneficio inmediato. El actualizador está atento a su propia vida interior y se interesa por la vida de los demás. Y también dedica tiempo a la música, la lectura, el cine, la naturaleza, la ciencia, todo lo que comúnmente se llama "de mente abierta". El manipulador, por otro lado, tiene una perspectiva estrecha: vive como si

estuviera en un túnel, viendo solo una cosa: lo que lo
atrae en ese momento.

El manipulador tiene mucho miedo de "perder".
Definitivamente necesita ganar, y lo piensa
intensamente, queriendo calcular los movimientos del
oponente por adelantado. Mientras tanto, estos
movimientos pueden no existir en absoluto, porque el
actualizador no se considera el oponente de alguien,
vive espontáneamente, no finge y no considera la vida
como una lucha o un juego.

El manipulador no confía en nadie, para él solo existe
una situación: o controla, o es controlado. El
actualizador, por otro lado, confía en las personas,
aunque no irreflexivamente. Construye relaciones con
ellos basándose no solo en lo que él es, sino también
en lo que ellos son. Y estas relaciones, en las que se da
muy poco espacio a la manipulación, pueden llamarse
verdaderamente vivas.

¿Por qué las personas sufren manipulación psicológica?

Nuestro cerebro está diseñado de tal manera que nos
vemos obligados a percibir la información de manera
subjetiva y no siempre adecuada, y solo nuestra
intuición y experiencia de vida ayudan a corregir esta
información. Estos mecanismos en determinadas
circunstancias pueden dejar de funcionar, y entonces
podemos convertirnos en víctimas del control por parte
de otras personas. A menudo esto se debe a
situaciones en las que no tenemos información
completa. Si esto sucedió debido a un simple engaño,

entonces solo necesitamos conocer los hechos reales para completar la imagen correcta. En el caso de la manipulación psicológica, una imagen falsa puede ser extremadamente estable, y la aparición de hechos correctos junto con una lógica férrea no siempre es capaz de destruirla. Existe la suposición de que las personas con cierta visión del mundo son menos confiadas y están más preparadas para encontrarse con manipuladores.

Muy a menudo, la manipulación psicológica se puede encontrar en la vida pública y política. Un buen ejemplo de la manipulación de la conciencia pública es la propaganda de la posición del estado en los canales de televisión federales en todos los programas: desde noticias hasta programas de entretenimiento nocturno. Con respecto a la manipulación psicológica en la publicidad, aquí el objetivo del control no son las creencias y puntos de vista de las personas, sino su dinero. La publicidad, como la política, utiliza argumentos falsos, persuasión emocional y, a veces, incluso amenazas para manipular a las personas. Por ejemplo, en la publicidad pueden centrarse en la ausencia de algún componente que no debería estar contenido allí, pero guardar silencio sobre la presencia de un componente más nocivo en la composición. Así el anunciante desvía la atención de los compradores potenciales del problema realmente importante del producto. Asimismo, un ejemplo de falsa argumentación se puede ver en la publicidad, que habla de la presencia de alguna ventaja, que en realidad no lo es. Por ejemplo, la fabricación de productos basados en "viejas recetas" en la producción en masa moderna es casi imposible de implementar.

¿Cómo entender que estás siendo manipulado?

Si una persona es un manipulador no se determina por su comportamiento, sino por el contexto en el que se usa este comportamiento, así como por la intención con la que realiza ciertas acciones. Si una persona específicamente quiere engañar a alguien e influir en su percepción, emociones y comportamiento, entonces esta persona es un manipulador. Los principales objetivos de los manipuladores son ganar influencia sobre otra persona o una determinada situación, así como evitar la responsabilidad personal por su acción o, por el contrario, la inacción. El manipulador, que tiene más posibilidades de lograr su objetivo, oculta sus intenciones agresivas, revela muy rápidamente las vulnerabilidades de la víctima y, al mismo tiempo, no se preocupa por las posibles consecuencias para la persona a la que manipula.

Dependiendo de los objetivos y características de la psique, los manipuladores pueden usar tácticas conscientes e inconscientes. Las técnicas de manipulación psicológica pueden incluir agresión abierta, insultos, humillación, crítica y abuso emocional. Las técnicas veladas incluyen juzgar, quejarse, comparar, ser quisquilloso, persuadir, mentir, invocar la autocompasión, llorar, criticar, ridiculizar, halagar, provocar, chantaje emocional y simpatía falsa. Muy a menudo, los manipuladores utilizan los miedos de sus víctimas para lograr sus objetivos. Por ejemplo, los padres pueden decirle a un adolescente que vivirá en la pobreza si no va a la universidad. Otra técnica popular es ofrecer una selección falsa de opciones que, de hecho, no benefician en absoluto a la víctima, y guardar silencio sobre las opciones que no convienen al propio manipulador.

Las personas que manipulan a otros tienden a tener ciertos rasgos de personalidad más desarrollados. Muy a menudo, estos son aquellos que han experimentado un trauma psicológico y han desarrollado la manipulación como un mecanismo de defensa psicológica. Entre los manipuladores suele haber niños que crecieron en orfanatos o familias monoparentales, así como delincuentes y personas con adicción al alcohol y las drogas. Muchos manipuladores sufren varios trastornos de personalidad, como el trastorno de personalidad narcisista, el trastorno límite de personalidad o el trastorno de personalidad antisocial.

Formas de resistir la manipulación.

Es muy probable que aquellos que entren en un diálogo prolongado con un manipulador sientan su propia debilidad y sucumban a las palabras de él. En este caso, será más fácil para él encontrar puntos de dolor y profundizar en ellos. El método del disco rayado nos convierte por un rato en un robot invulnerable cuya decisión es irrevocable y con el que no funcionan los trucos.

Qué hacer: como respuesta a las intrigas del manipulador, se utiliza una sola frase, clara y correcta, que repites sin cambiar nada en ella. Además, no debes cambiar tu expresión facial tranquila y tu entonación amistosa, esto es muy importante: vale la pena dar rienda suelta, demostrando que te sientes culpable, ya que el enemigo lo tomará al instante.

Ejemplo: "María, mañana debes poner la casa en orden porque vendrán amigos por la noche" "Lo siento, pero mañana tengo cosas importantes que hacer y no podré hacerlo". "¿Qué es más importante? ¡No voy a limpiar la casa yo solo! "Lo siento, pero mañana tengo cosas importantes que hacer y no podré hacerlo". - "¡Aquí estás! ¿No sientes pena por tu esposo? ¡Y no quiero escuchar excusas! "Lo siento, pero mañana tengo cosas importantes que hacer y no podré hacerlo". Después de un tiempo, la conversación desaparecerá por sí sola. El esposo, por supuesto, puede ofenderse, pero será posible que él se ocupe de la casa y de su limpieza.

Para que la manipulación psicológica continúe produciendo el efecto deseado, el manipulador debe mantener el control sobre la víctima. Bajo el control de otra persona, la víctima puede ponerse a la defensiva y dudar de sus habilidades. Como resultado, el que está controlado por el manipulador puede perder por completo la confianza en sus propios pensamientos y sentimientos.

Al tratar con un manipulador, es muy importante tratar de controlar su comportamiento y defenderse lo menos posible.

La manipulación psicológica funciona eficazmente solo en aquellos que se dejan empujar. Una forma de detener la manipulación es dejar de darle mucha importancia a lo que el manipulador quiere transmitirle. Es importante poder analizar con calma la situación y pensar qué objetivos puede perseguir la persona que le controla. Si no está seguro de cómo se siente, tómese un descanso de alguien que cree que lo está manipulando y discuta la situación con personas de su confianza.

Cuando se trata de un manipulador, es muy importante tratar de controlar su comportamiento y defenderse lo menos posible. Si siente que no está a la altura de las expectativas de su interlocutor, es mejor terminar la conversación y marcharse. Es importante entender que en caso de que el manipulador pierda el control sobre la víctima, siempre trata de aumentar la presión, y el nuevo nivel de influencia puede ser aún más desagradable que el anterior. Las víctimas a menudo sienten pena por los manipuladores y creen que pueden cambiarlos. Esto es una ilusión, y el manipulador también puede aprovecharse de esto. Si le resulta difícil hacer frente a sus sentimientos y emociones por su cuenta y se resiste a la manipulación psicológica, es mejor buscar la ayuda de un psicólogo que se especialice en trabajar con las consecuencias de este tipo de situaciones

Capítulo 7
Cómo recuperarse
de un ataque emocional

Como lo hemos señalado, luego de una experiencia con un "vampiro energético", por lo general, hay una sensación de vacío: no hay fuerza ni energía, incluso para las emociones. Una especie de sensación seca. Tal intrusión agresiva afecta la autoestima y la confianza en uno mismo. En este capítulo final, veremos en detalle qué hacer para recuperarse de dicho encuentro y cómo protegerse del próximo ataque.

- **Encuentre un lugar seguro para usted**

Lo primero y más importante que debe hacer después de comunicarse con el "vampiro de energía" es encontrar un lugar seguro para usted. Puede ser su departamento, un parque o un café, cualquier lugar que le ayude a recuperarse, sentir una oleada de vitalidad y animarse (o al menos eliminar el sedimento negativo). Además, puede duplicar el efecto e invitar a un lugar seguro a alguien querido que esté listo para escucharlo y apoyarlo, o dedicarse a un pasatiempo favorito que lo ayude a distraerse de los pensamientos negativos.

- **Trate de dejar ir esa situación**

Es común que cada uno de nosotros nos desplacemos por los momentos de la vida en nuestra cabeza, pensando en cómo podríamos haber respondido o hecho de manera diferente, pero el desplazamiento constante por estos pensamientos en nuestra cabeza no lo ayudará a deshacerse de los sentimientos negativos; pero, por el contrario, provocará una nueva oleada de arrebatos emocionales. En cambio, intente cambiar sus pensamientos a otra cosa u olvídese de esta situación por completo.

- **Eres tu propio mentor**

Esta frase ayudará a calmarse después de un encuentro con una persona así y será útil la próxima vez que tenga que volver a encontrarse con él. Las palabras "vampiro" tienen un efecto negativo en usted solo porque él se considera el principal, como si tuviera poder sobre usted. Pero no ceda a las provocaciones: en su vida solo hay una persona que tiene poder sobre usted: eres tú.

Cada persona es responsable de sí misma. Cuando se enfrente a una persona así, no intente corregirla, no funcionará. Una persona solo puede cambiar a través de sus propios esfuerzos y cuando lo considere necesario. Por lo tanto, piense mejor en cómo responder al comportamiento del interlocutor de la manera más beneficiosa para usted.

- **Usted es responsable de sus decisiones**

Los vampiros energéticos, a través de una comunicación difícil, pueden y tratarán de convencerlo de que conocen mejor sus necesidades. Puede haber muchas razones para esto, incluso el deseo de usarlo. No caiga en estas dulces palabras. Solo usted sabe lo que realmente necesita y lo que le conviene.

De hecho, bajo presión, a menudo es difícil descubrir lo que quiere, en este caso, respire profundamente y haga una pausa de un minuto, piense en usted mismo, escúchese a sí mismo, a su voz interior; ciertamente no lo engañará.

• **Defienda su territorio personal**

Nos referimos a establecer límites. Piense en lo que más le ofende en las conversaciones, de qué temas no le gusta hablar y establezca límites. No deje que la gente le imponga temas que detesta; y con el tiempo sentirá la diferencia, tanto en la comunicación como en la sensación de seguridad. Es normal exigir respeto de las personas y respetar sus límites. No sea tímido, porque no todas las personas son delicadas en la comunicación. Es mejor ir a lo seguro de antemano que "lamer" las heridas después.

Un pequeño consejo práctico: Si después de comunicarse con esas personas hay una sensación de inutilidad, insignificancia, puede imaginarse como un rascacielos. Eres un edificio completo y sólido. ¿Es posible que un pequeño pájaro con un pico afilado destruya un rascacielos entero? ¡Por supuesto que no! Necesita cultivar el respeto por usted mismo, una comprensión de su propio valor. Conéctese con personas interesantes, haga tiempo para las cosas que ama.

Por último, pero no menos importante, reemplace a las personas negativas con personas que lo aprecian y desarróllese; esto lo ayudará a construir un sentido de autoestima: haga lo que le gusta. No permita que los delincuentes psicológicos le quiten los mejores momentos de su vida: viaje, desarrolle, comuníquese y disfrute de la vida. Notará cómo el mundo cambiará para mejor.

Aversión al conflicto como asesino de relaciones

¿Por qué necesitamos más coraje para discutir? Sentarse, vacilar, huir: muchas personas prefieren mantener la boca cerrada antes que expresar su punto de vista. La renuencia o la incapacidad para involucrarse en un conflicto puede tener graves consecuencias, especialmente en las relaciones y en el trabajo. Porque aquellos que evitan las discusiones a menudo hacen que los problemas sean más grandes de lo que son. ¿Qué ayuda a salir de la rigidez?

El enfoque no solo tiene que estar en los nuevos conocidos. A veces, alguien que hemos tenido en nuestras vidas durante mucho tiempo y que es muy importante para nosotros, de repente se convierte en un gran chupador de energía. Un cambio de situación de vida, un nuevo trabajo o una nueva pareja pueden ser factores decisivos. Se vuelve peligroso cuando estos (a veces incluso francamente amables) vampiros de energía ni siquiera son conscientes de su existencia aprovechada.

Entonces, sólo una conversación abierta y esclarecedora ayuda a restablecer el equilibrio en la relación entre recibir y dar. De lo contrario, corren el riesgo de distanciarse unos de otros con el tiempo y que la alegría que sintieron al leer un nombre determinado en el teléfono inteligente que suena sea solo un suspiro.

Las personas empáticas son particularmente vulnerables

No es sorprendente que las personas más a menudo atacadas por los vampiros energéticos sean las personas sensibles y compasivas que siempre ven lo bueno en las personas.

Decir "No" es un superpoder y hay que saber usarlo.

Quien diga que sí, tarde o temprano se quemará. La demarcación segura nos ayuda a mantenernos saludables en la vida laboral. Con estas recomendaciones, establecerá límites con confianza con sus colegas y sus superiores.

Las personas empáticas son particularmente propensas a empatizar con los demás y escuchar sus preocupaciones y pensamientos mientras se descuidaban a sí mismos. También están en riesgo las personas que tienen dificultades para establecer límites y siempre quieren complacer a todos. Estos rasgos de carácter traen consigo una susceptibilidad especial a los vampiros energéticos y, por lo tanto, el peligro de perder el equilibrio.

Si no puede evitar permanentemente a un devorador de energía, por ejemplo. porque es un colega o un micmbro dc la familia, las estrategias comunicativas pueden ayudar a escapar de las situaciones de agotamiento de energía. Establecer límites deliberadamente y terminar una conversación con educación, pero con firmeza, requiere práctica, pero puede ser muy útil. Porque está perfectamente bien decir "no" a veces, y hacerlo de una manera amable y respetuosa que no parezca indiferente. Esto puede parecer inusual al principio, pero es más saludable para la unión, para usted y para el vampiro de energía.

Chantaje emocional: qué es y cómo detenerlo

El chantaje emocional no es infrecuente y el chantajista no siempre lo usa conscientemente. Entonces, ¿cómo lo reconoces y cómo te defiendes cuando te presionan emocionalmente?

El término "chantaje emocional" significa que una persona presiona a otra para salirse con la suya, tener razón y cosas por el estilo. Esto a menudo se logra a través de la manipulación, pero puede tomar varias formas. El chantaje emocional incluye los siguientes comportamientos:

•   El chantajista genera culpa en otra persona por algo de lo que la otra persona no tiene responsabilidad real.

•   Él o ella a menudo amenaza con consecuencias si las acciones de la otra persona no están de acuerdo con la voluntad del chantajista.

•   Estas consecuencias pueden ser, por ejemplo, estados de ánimo negativos como la ira o la tristeza en el propio chantajista, pero también pueden amenazarse cosas como la abstinencia sexual, la separación o incluso el suicidio para movilizar a la otra persona.

• Las amenazas movilizan al chantajeado para que actúe exactamente como quiere el chantajista emocional, incluso si él o ella no quiere.

• La persona en cuestión se convierte en un títere. El chantajista, por el contrario, que a veces ignora su comportamiento, utiliza la manipulación como sustituto para articular sus necesidades y aceptar los deseos de otras personas.

Callejón sin salida: Víctima de chantaje emocional

Las víctimas del chantaje emocional a menudo no saben que depende de ellas detenerlo. Porque la presión emocional sólo surge cuando la víctima se deja manipular. Sin embargo, en muchos aspectos es más fácil decirlo que hacerlo. Las víctimas a menudo se sienten dependientes y responsables del bienestar del chantajista emocional cuando no lo son.

Si vive con alguien que lo está chantajeando emocionalmente, consciente o inconscientemente, a menudo puede ser un proceso largo para desarrollar una relación más saludable. En algunos casos, por supuesto, también puede haber una separación.

Dese cuenta de que usted también tiene una vida propia. Aunque ame a la otra persona, no debe descuidar sus propias necesidades.

Piense cuidadosamente de qué es responsable y de qué no es responsable. Esto hace que sea más fácil para usted reconocer cuándo su pareja está tratando de hacerle responsable por un error.

Hable abierta y claramente con su pareja. Todos deben articular sus necesidades, en lugar de simplemente insinuarlas a través de expresiones de chantaje emocional. La reflexión cuidadosa a menudo muestra cuán absurdas son algunas de las ideas de la persona y la hace consciente de ello.

A menudo es la propia inseguridad emocional del chantajista lo que conduce a la amenaza de sentimientos negativos.

Deje muy claro que usted también tiene deseos y necesidades que a menudo se descuidan. Exija ser mejor visto y respetado.

Libérese de la dependencia en la relación. Esto no sucederá de la noche a la mañana, pero debe tener en cuenta que el chantaje emocional no es una buena base para una relación sana. Si el compañero ejecuta las amenazas, se corta en el pie, porque no dependerá de él.

Vivir con más autodeterminación a veces hace maravillas. Esto le permite a su pareja ver que no está siendo tratado como un títere. Esto ciertamente puede llevar a que él o ella se vuelvan más conscientes de su propia mala conducta.

Suele llevar mucho trabajo y tiempo salir de una relación en la que el chantaje emocional está a la orden del día. El primer paso hacia la mejora a menudo solo puede venir de la propia víctima.

Desintoxicación emocional

Por lo general, nos encontramos con términos como "desintoxicación" en relación con la nutrición. Estas curas pueden ayudar a aumentar el bienestar físico a largo plazo y, aunque los métodos varían mucho, la eficacia es generalmente reconocida.

La "desintoxicación emocional" es mucho menos común en relación con la desintoxicación nutricional y puede parecer un poco esotérica para algunos. Debemos ser conscientes de que todos los sentimientos que experimentamos no solo tienen un efecto psicológico, sino también bioquímico en el cuerpo. Las emociones ciertamente afectan nuestro cuerpo no menos que nuestra dieta. Y seamos honestos, nadie que alguna vez haya estado enamorado, experimentado emoción, estrés o miedo negaría que las emociones pueden producir poderosas reacciones físicas. Muchos simplemente olvidan que nuestros sentimientos también tienen un impacto en el cuerpo y la psique una vez que el sentimiento en sí ya no es "agudo".

Pero el hecho es que los sentimientos no solo dejan huellas en nuestra psique y en nuestra memoria, sino también en nuestro cuerpo. Y aquí es donde entra en juego la desintoxicación emocional: con ella puede liberarte de los sentimientos negativos y sus efectos y reconciliarse con usted mismo.

La desintoxicación emocional se puede lograr a través de una variedad de métodos. Sin embargo, todos ellos tienen una misma base: debemos tomar conciencia de nuestras emociones, experimentarlas activamente y lidiar con ellas para liberarnos de ellas.

Esto incluye:

1. Un viaje al pasado

Cómo reaccionamos a nuestro entorno como adultos, y, sobre todo: con qué emociones, está en la mayoría de los casos profundamente arraigado en nuestra infancia. Por eso, una desintoxicación emocional suele incluir un viaje al pasado y la búsqueda del "niño interior". Este modelo psicoterapéutico puede ayudar a diferenciar entre el niño interior que experimenta y el adulto que observa y refleja en nosotros de tal manera que el trauma y las necesidades no satisfechas se pueden resolver después. Emprender este camino significa, ante todo, tomar conciencia de los sentimientos almacenados en el cerebro a través de los recuerdos para liberarse de ellos.

2. Poner sentimientos en palabras y fijarlos

Las emociones son una interacción difusa, y para nosotros los humanos, en última instancia, no del todo comprensible, de los más diversos procesos psicológicos y físicos (más precisamente, bioquímicos). Pero incluso si los sentimientos son en última instancia difíciles de comprender con palabras, podemos volvernos más conscientes de ellos si los expresamos o, mejor aún, los escribimos. Una vez que hemos "fijado" nuestros sentimientos de esta manera, podemos procesarlos mejor e, idealmente, dejarlos ir.

3. El llanto ayuda a la desintoxicación emocional

Probablemente lo haya escuchado antes: cuando nos sentimos deprimidos, se supone que sonreír o incluso reír nos ayuda. Suena paradójico, pero las expresiones físicas de las emociones no son simplemente una respuesta a los sentimientos. A su vez, tienen un impacto en nuestro cuerpo y nuestra psique. Es aún más importante llorar para literalmente eliminar las emociones negativas del cuerpo. Las lágrimas no son un signo de debilidad, sino sobre todo un mecanismo de defensa que nuestro cuerpo tiene por una razón.

4. Discutir y abordar conflictos

Las personas que necesitan armonía son particularmente propensas a acumular emociones negativas. Pero nunca es demasiado tarde para aprender que los conflictos se manejan mejor cuando se habla de ellos. En el caso de conflictos del pasado (especialmente de la infancia) puede ayudar trabajar con un terapeuta para deshacerse de las emociones negativas no resueltas. Pero incluso la búsqueda de una conversación aclaratoria con los involucrados puede hacer maravillas (incluso años después).

Cuando se trata de conflictos actuales, es aún más importante actuar rápidamente y abordar los problemas para que puedan resolverse y liberarse de ellos en cuerpo y alma.

5. La meditación ayuda a soltar

Estrictamente hablando, la meditación se trata de concentración y atención plena, pero también de encontrar el aquí y ahora, dejarse llevar y entrenar mecanismos para hacer frente a las emociones negativas. El cuerpo y el alma se pueden desintoxicar de manera especialmente efectiva a través de la meditación si se practica con mucha regularidad y de manera específica. Esto ahora es muy fácil de hacer con la ayuda de aplicaciones gratuitas.

Independientemente del método que elija para desintoxicarse de las emociones negativas, lo más importante es que lo aborde activamente en primer lugar, tome conciencia de sus sentimientos y sus efectos y luego trabaje para dejarlos ir.

Narcisismo y sexualidad

Los vampiros psicológicos también se inmiscuyen en la intimidad. El narcisismo es un trastorno de la personalidad que también afecta la sexualidad de una persona. Los narcisistas creen firmemente que también son los mejores en la cama y esperan un reconocimiento adecuado por sus logros sexuales.

El narcisista está demasiado absorto en sí mismo, siempre busca fallas en otras personas y le gusta manipular para su beneficio. El narcisismo del trastorno de personalidad también se refleja en la sexualidad, el comportamiento en la cama y las preferencias.

Los narcisistas creen que son los mejores en el arte del Kamasutra y en la vida cotidiana. El narcisista asume que es un buen amante y que el sexo con él es una experiencia suprema para la pareja.

Dado que los narcisistas ven el orgasmo de su pareja como su objetivo durante el sexo, se esfuerzan mucho y creativamente por satisfacer a la otra persona. Cuanto más placentero sea el acto, más fácil será para la pareja del narcisista sentirse dependiente de esa experiencia sexual.

Por otro lado, los narcisistas también quieren ser elogiados por su desempeño después del sexo. Esperan confirmación de que son la mejor pareja sexual de todos los tiempos y exigen ese elogio.

Después de una fase inicial embriagadora, el narcisista pasa rápidamente a seguir su propio programa de sexo. Los deseos de la pareja juegan un papel subordinado.

El sexo de un narcisista puede caracterizarse por juegos de poder, agresión y control. El amor o la ternura están fuera de lugar.

Si bien las parejas de los narcisistas inicialmente pueden encontrar el sexo particularmente apasionado y satisfactorio, después de un tiempo la marea a menudo cambia y el narcisista usa el sexo como un juego de poder.

Los narcisistas hacen que sus parejas sean emocionalmente dependientes. Esto también puede volverse peligroso en la sexualidad si el compañero dominante toma lo que quiere sin responder a las necesidades del otro.

El narcisista espera que su pareja esté disponible para tener relaciones sexuales en todo momento y, a menudo, no da por sentado que no. Él asume que el acto con él es tan emocionante que la pareja quiere experimentar esto en cualquier momento.

El narcisista da por sentado que también puede vivir su propio impulso sexual fuera de una relación. Las relaciones sexuales monógamas no son lo suyo.

Cuanto más inusual, mejor: al narcisista le gusta el sexo completo, cambiar de lugar y andar a tientas en público.

Si la relación sexual no sale como se desea, el narcisista automáticamente culpa a la pareja. No admite ningún error ante sí mismo.

Fenómeno de relación peligrosa: Gaslighting

Hay muchos tipos de comportamiento tóxico en las relaciones interpersonales, uno de los cuales es gaslighting, una forma peligrosa de violencia psicológica. Esto es lo que necesita saber sobre ellos y cómo reconocerlos.

Gaslighting es un término de la psicología que también se usa coloquialmente. "Luz de gas" o "gaslighting" es un tipo de abuso psicológico en la que se hace a alguien cuestionar su propia realidad. Describe una táctica de manipulación en la que la víctima es manipulada y perturbada deliberadamente para destruir su confianza en sí misma y hacerle dudar de su percepción del mundo.

Si tiene la sensación de que le ha afectado el gaslighting, puedes encontrar ayuda en los centros de asesoramiento.

El nombre deriva de la obra "Gas Light" (1938) y la posterior adaptación cinematográfica de fama mundial con la actriz Ingrid Bergmann. La película y la obra tratan sobre un esposo que trata de convencer a su esposa de que se ha vuelto loca manipulándola deliberadamente.

El fenómeno de la relación a menudo ocurre en las parejas, pero también puede ocurrir entre compañeros de trabajo, amigos o padres e hijos. Se requiere una relación de confianza. Esto crea la base para que la víctima confíe en las declaraciones manipuladoras del perpetrador y, por lo tanto, no dude de ellas.

Es una forma de violencia y abuso psicológico en la que el perpetrador, también conocido como gaslighter, ejerce poder sobre la víctima, haciéndola dudar de su cognición, memoria, cordura y de sí misma.

Los perpetradores a menudo usan patrones y métodos similares para manipular a su víctima. Por lo tanto, hay algunas señales que apuntan a gaslighting. Sin embargo, sin distancia y ayuda externa, es muy difícil que la víctima reconozca la manipulación.

Por ejemplo, las mentiras repetidas y las acusaciones de haber hecho o dicho algo tienen como objetivo que la víctima dude de sí misma y, por lo tanto, pierda la confianza en sí misma.

El perpetrador cuenta historias falsas sobre la víctima, por lo que una y otra vez se presenta la situación de tener que dar explicaciones y justificarse ante los extraños.

A los sentimientos y pensamientos de la víctima se les niega su justificación o se los reinterpreta. Las declaraciones se tuercen o se ponen en la boca de la víctima.

La manipulación se lleva a cabo durante un largo período de tiempo y en la mayoría de los casos está cuidadosamente planificada, ya que la mayoría de los perpetradores son plenamente conscientes de su comportamiento. La víctima es llevada cada vez más a una relación de dependencia a través de la humillación emocional por un lado y la sugerencia de cercanía y seguridad por el otro.

Entonces, los gaslighters dominan a su víctima todo el tiempo y tienen un control constante. Para poder sentir una sensación de poder, se aseguran de que la víctima esté siempre en duda, con miedo e inseguridad.

Otras relaciones sociales a menudo se ven influenciadas negativamente por el perpetrador. El resultado es que la víctima se aísla socialmente, lo que aumenta la dependencia del perpetrador.

El fenómeno es realmente peligroso para los afectados porque puede tener graves consecuencias psicológicas. Muchas víctimas desarrollan enfermedades mentales como ansiedad delirante, trastorno disociativo o depresión profunda.

Si reconoce estos comportamientos en las personas que lo rodean, definitivamente debe buscar ayuda y terminar la relación.

Último recurso: Distancia o "¡Adiós!"

Todo el mundo merece una oportunidad, incluso un vampiro energético. De hecho, puede ayudar si aborda sus inquietudes y expresa su posición en términos claros. Porque como dije, el vampiro energético a menudo ni siquiera sabe cuánto estrés está causando y no se da cuenta de que él mismo tiene un problema. Debe aprender a hacerse responsable de sí mismo y ser empático con otras personas. Si eso llega a su conciencia, pueden encontrar una solución juntos. Sin embargo, si el vampiro de energía no puede cambiar su comportamiento hacia usted, tendrá que aceptar que te retiras. Porque a la larga nadie puede soportar sólo dar. Y no tiene que hacerlo. Si privas al vampiro de energía de su "suministro" manteniendo la distancia, eventualmente se dará cuenta de que las cosas no pueden seguir así. Si no, lamentablemente lo único que ayuda es un retiro final, para protegerse y no dejarse robar la calidad de vida por lazos que minan las fuerzas.

Conclusión

Debes saber que los vampiros energéticos no se encuentran en cementerios u otros lugares lúgubres. Estas son personas comunes que tienen una propiedad especial de la naturaleza, eso es todo. Cualquiera puede ser una persona así: un compañero de viaje al azar, una anciana en la fila, su colega, amigo, cónyuge o incluso un personaje en la Web. Si rápidamente se da cuenta de que está siendo utilizado y deja de reaccionar, verá que el vampiro energético es impotente. En cualquier caso, definitivamente no debe tenerle miedo.

######